Natural Horsemanship für Einsteiger

Wie Sie mit einfühlsamer Bodenarbeit Ihr Pferd optimal trainieren und eine enge Pferd-Mensch-Beziehung aufbauen - inkl. Praxisübungen

Moritz Perlau

INHALT

Das erwartet Sie in diesem Buch

D ie Geschichte der Reiterei ist allumfassend und über Jahrhunderte entstanden. In früheren Zeiten hat man der Bedeutung des Pferdes – und überhaupt der Tiere – wenig Zeit und Aufmerksamkeit gewidmet. Das Reiten schlechthin war ohnehin nur den oberen Kreisen vorbehalten und die sogenannten kleinen Leute, die trotzdem das Glück dieser Erde nachempfinden durften, waren mehr oder weniger bedeutungslos. In den letzten 50 Jahren wurden aber immer mehr Pferde gezüchtet, sodass auch die

Mittelschicht unserer Bevölkerung sozusagen die Liebe zur Reiterei entdecken konnte. Viele Reitschulen entstanden, aus Bauernhöfen wurden plötzlich Reitställe und Reitlehrer etablierten sich mit der gängigen Reitlehre. Aber all das, was diese Reitlehre den zukünftigen Reitern vermitteln konnte, ging in vielen Fällen auch auf Kosten der Tiere.

Dieses Buch erklärt die Unterschiede von „Natural Horsemanship" zur englischen Reitlehre und auch der Pferdehaltung der früheren Jahre, beleuchtet kurz die Westernreiterei und beschäftigt sich ausführlich mit dem Parelli-Programm und der Bodenarbeit mit den Pferden. Die Spiele, die das Parelli-Programm anbietet, werden ausführlich erklärt und mit Übungen erläutert. Ebenso gibt es zur Bodenarbeit entsprechend viele Übungen.

Nach der Lektüre dieses Buches werden Sie das Pferd in seiner psychischen und physischen Gesamtheit anders erkennen und selbst entscheiden können, welche Herangehensweise für Sie und Ihr sicherlich geliebtes Pferd am passendsten ist.

Unsere Mitges-
chöpfe: die Tiere

Die meisten Menschen betrachten unsere Tiere eher nicht als Mitgeschöpfe. Sie sind mehr oder weniger als „Unterart" in die lebendige Welt eingeordnet, die uns als Nahrung dient, uns teilweise bedroht oder aber im positiven Fall als Partner für unsere Spiel- und Freizeitaktivitäten zur Verfügung steht. Infolge der Corona-Krise haben sich viele Menschen beispielsweise Hunde oder auch Katzen „zugelegt", um die Distanz in der eingeschränkten Lockdown-Welt ein wenig aufzulockern. Das hatte sicherlich sehr viel Positives und so mancher Zeitgenosse hat dadurch gelernt, Tiere als Bereicherung zu verstehen und sich mit ihrem Verhalten auseinanderzusetzen. Manche haben möglicherweise aber auch die Partnerschaft zwischen Mensch und Tier missverstanden oder konnten ihre Verantwortung diesem Lebewesen gegenüber nicht übernehmen.

Was bedeutet aber diese Verantwortung für die Tiere? Es geht nicht nur darum, ihnen ein Zuhause zu bieten, sie mit Fressen zu versorgen und hin und wieder einen Tierarzt aufzusuchen. Nein, das genügt nicht, denn Tiere haben – so wie wir – eine Gefühlsebene, die – wie bei uns – unter anderem aus Freude und Leid besteht. Aber sie haben keine Stimme. Nicht nur, weil sie nicht sprechen können, sondern sie haben auch keine Stimme in dieser Welt. Die wenigen Menschen, die sich für sie einsetzen, wie z. B. die Tierschutzvereine weltweit, sind viel zu schwach, als dass sie gehört werden würden. Hin und wieder gibt es einen Aufschrei, wenn wieder einmal bekannt wird, in welchem Zustand die Weltmeere sind. Wir verstopfen sie mit unserem Plastikmüll und nehmen der dort lebenden Tier- und Pflanzenwelt die Lebensgrundlage. Hin und wieder hören wir auch von ausgesetzten Tieren, die in der Corona-Krise angeschafft und dann an Bäume gebunden wurden, weil sie nicht mehr erwünscht waren. Und natürlich geht uns das jedes Mal ein wenig an die Nieren. Aber: Tiere haben keine Stimme!

Gerade weil dieses Buch über unsere Pferde berichten soll und darüber, welche Möglichkeiten wir haben, ihnen das Leben mit uns zu erleichtern, ist es wichtig, dass wir ihre Stimme hören – hören wollen!

Aber Sie, die dieses Buch lesen wollen, haben sicherlich den Wunsch, etwas mehr darüber zu erfahren, was die Tiere, in diesem Fall die Pferde, die uns so am Herzen liegen, von uns erwarten und wie wir den Umgang mit ihnen so gestalten, dass sie mit uns glücklich werden können.

Die Geschichte unserer Pferde!

Sie sind Pferdebesitzer und/oder passionierter Reiter? Oder haben Sie gerade angefangen, sich in die Welt der Pferde einzufinden. Dann macht es vielleicht Sinn, Ihnen kurz etwas über diese Tiere zu erzählen, Ihnen zu vermitteln, wie sie zu unseren Begleitern wurden.

Vor rund 60 Millionen Jahren, lange bevor es überhaupt Menschen gab, lebte in den feuchtwarmen Urwäldern ein Tier, das nicht größer war als ein Fuchs. Und es besaß etwas, was unsere heutigen Pferde nicht mehr haben, nämlich Zehen. Die

Pferde wurden im Laufe der Jahrtausende immer größer, bekamen auch längere Beine und hatten dann nur noch drei Zehen, aus denen sich der Pferdehuf entwickelte, so wie wir ihn heute kennen.

Der Mensch hingegen – wie die Wissenschaftler feststellten – existiert in seiner Urform erst seit etwa 6 Mio. Jahren. Also war das Pferd vor uns da und hat sich durch die Evolution zu seiner heutigen Gestalt entwickelt. Daraus entstanden dann die sogenannten 4 Urtypen:

Das zähe **Nordpony** war von mittelgroßer, kräftiger Statur, besaß ein Stockmaß von etwa 1,20 m und lebte in Ostasien und Nordeuropa. Es war mit einem glatten, festen Sommerfell und einem Winterfell mit dichter Unterwolle ausgestattet und damit an das feucht-kalte Klima gut angepasst.

Die Heimat des **Tundrenponys** war der nördlichste von Pferden besiedelte Lebensraum mit äußerst kaltem Klima. Es lebte im heutigen Südrussland und in Kasachstan, hin zum Iran und zu Westchina. Im Vergleich zum Nordpony war das Tundrenpony mit etwa 1,40 m bis 1,70 m Stockmaß wesentlich größer und besaß einen massigeren Körperbau. Es war ein ausgezeichneter Futterverwerter, was wir auch heute noch von vielen Ponyrassen und Kaltblütern kennen.

Der Lebensraum des **Steppenpferdes** waren die Subtropen zwischen Südasien und Ägypten. Das Stockmaß dieses Urtyps lag bei circa 1,20 m. Da das Nahrungsangebot relativ knapp ausfiel, waren die Steppenpferde oft gezwungen, weite Wanderungen in Kauf zu nehmen, wobei es zu einem Aufeinandertreffen von Steppenpferd und Nordpony gekommen sein soll und damit zu ersten Kreuzungen in den Rassen. Bekannt ist auch, dass diese Rasse Hals und Kopf immer so hoch wie möglich trug, um Feinde rechtzeitig zu erkennen.

Das sogenannte **Ramskopfpferd** war in den wärmeren Gefilden von Asien bis Nordafrika zu Hause. Das Stockmaß lag zwischen ca. 1,40 m und 1,60 m, wobei die Nachkommen von eher großem Wuchs waren. Ramskopfpferde lebten in lockeren Herdenverbänden und wussten sich – wie der Name schon sagt – zur Wehr zu setzen.

Wir wissen heute nur wenig darüber, wann die ersten Pferde von Menschen domestiziert wurden. Man spricht davon, es sei vor etwa 5.000 bis 6.000 Jahren gewesen. Aber manches deutet darauf hin, dass bereits rund 30.000 Jahre v. Chr. die Tiere als Haustiere gehalten wurden – vermutlich aber nicht, um sie zu reiten, sondern als Fleischlieferant.

Bis heute sind sich die Wissenschaftler nicht einig, welches Volk unter uns Menschen die Pferde zum ersten Mal geritten hat. Vielleicht Spanier? Nordafrikaner? Oder doch Asiaten? Fest steht allerdings, dass das Pferd in der Entwicklung der Menschen durch seine Verwendung als Lasttier, Transportmittel und vor allen Dingen durch den Einsatz in den diversen Kriegen eine wichtige Rolle gespielt hat. Nachdem aber die heutigen Kriege mit anderen Mitteln ausgetragen werden und die Maschinen-Wunderwelt samt Wissenschaft uns in den letzten 100 Jahren mehr oder weniger überrollt hat, ist das Pferd von heute sozusagen „arbeitslos" und wurde zu unserem Freizeitpartner. Durch diverses Hin-und-Her-Züchten sind dann letztendlich die heutigen Reit- oder Sportpferde entstanden.

Heutzutage spricht man von ca. 200-280 verschiedenen Pferde- und Ponyrassen auf dieser Welt. Um die Rassen in verschiedene Gruppen einzuteilen, wurden vier unterschiedliche Typen festgelegt: **Vollblüter, Kaltblüter, Warmblüter und Ponys**. In dieser Kategorie werden in Deutschland hauptsächlich

- Deutsches Reitpony,
- Holsteiner,
- Oldenburger,
- Hannoveraner,
- Württemberger,
- Friese und
- Isländer

gezüchtet.

Wenn man Pferden zum ersten Mal gegenübersteht, ist man von ihrer Größe, Schönheit und Mächtigkeit (je nach Rasse) überwältigt. Wenn sie sich bewegen und in ihren drei Gangarten ihr ganzes Potential zeigen, sind wir mit unseren körperlichen Möglichkeiten schon etwas im Hintertreffen und fühlen uns manchmal ganz schön klein, um nicht zu sagen unattraktiv. Die Eleganz und die Schönheit mancher Pferde machen uns sprachlos und ihre Kraft, der wir in keiner Weise gewachsen sind, lässt uns manchmal von dem Podest des Schöpfungsgrößten heruntersteigen. Ihre Kindlichkeit, aber auch Klugheit, ihre Furcht vor allem Unbekannten und ihr Ausgeliefertsein an ihre Besitzer rührt den Pferdefreund im tiefsten Innern seiner Seele.

Aber mittlerweile hat sich die Pferdehaltung wesentlich verbessert und in den meisten Reitbetrieben kann man von „artgerechter Pferdehaltung" sprechen. Auch die Schulpferde, die noch vor 30-40 Jahren eng angebunden in winzigen, meist niedrigen Schweineställen gehalten wurden, haben heute ein sehr viel besseres Leben. Neben großen Boxen und Paddocks im Freien, in denen sie sich ausreichend bewegen können, sind viele Betriebe von großen Weiden umgeben und jedes Pferd genießt täglich einen ausgiebigen Koppelgang. Hinzu kommt, dass sich die Offenstallhaltung immer mehr verbreitet. Hier können die Pferde – zusammen mit ihren Pferdefreunden – tagtäglich und auch teilweise nachts ihre unumschränkte Freiheit genießen. Aus diesen Gründen sind auch die Schulpferde in der heutigen Zeit wesentlich entspannter und ausgeglichener, was sich in den reiterlichen Schulstunden sehr positiv auswirkt.

Die klassische englische Reitlehre und Westernreiten – zwei Konzepte!

Die Englische Reitweise, auch **klassische englische Reitweise** genannt, beinhaltet das gesamte Spektrum von Dressur-, Spring-, Vielseitigkeits-, Renn- und Jagdreiten. Auch Polo gehört dazu.

Es gibt drei Gangarten (Schritt, Trab, Galopp), die schwungvoll und ohne Taktfehler (Taktreinheit) des Pferdes gezeigt werden sollen und letztendlich das Ziel des Englischreitens sind. Der Schwung entsteht bei Galopp und Trab aus der Schubkraft der Hinterhand des Pferdes. Dabei ist der Bewegungsimpuls nach vorne bzw. nach oben gerichtet. Die Taktreinheit bedeutet, dass die Zeit innerhalb der Schritte sowie deren Länge stets gleichbleibend sein sollen. Dadurch entsteht eine besonders fließende Bewegung. Das Geraderichten stellt das Geradeauslaufen dar. Hierbei geht die Hinter- und die Vorderhand in einer Spur und das Tier ist im Gleichgewicht.

Beim Englischreiten sind Warmblüter mit raumgreifenden Schritten besonders bevorzugt, da sie durch den sehr kräftigen Körperbau einen bestimmten Grad an Selbsthaltung durch die starke Hinterhand erreichen. Zudem verfügt diese Rasse über eine lange Beinpartie, die den Stil der Englischen Reitweise besonders unterstreichen. Der oft hoch angesetzte Schweif der Pferde zeigt auch ihre Eleganz, die der Englischen Schule sehr entgegenkommt.

Die Kommunikation mit dem Pferd erfolgt durch die Anlehnung des Pferdes an die reiterlichen Hilfen (Gewicht, Schenkel, Zügel), wobei der aufrechte, entspannte Sitz in der Mittelpositur das Hauptmerkmal sein sollte und durch sogenannte Sitzlongen dem Reitanfänger vermittelt werden kann. Die Schenkel sollten dabei ruhig mit dem Pferd Kontakt halten und nicht permanent ein Klopfen erzeugen. Ebenso sollten die Zügel einem Gummiband gleichen, das imstande ist, sich den Bewegungen des Pferdes anzupassen und dadurch das „im Zügel hängen" zu vermeiden. Es ist eine Besonderheit im Englischen Reitstil, dass auch nach einer „reiterlichen Hilfe" (z. B. beim Tempowechsel) weiterhin Kreuz, Schenkel und Zügel auf das Pferd einwirken.

Die Ausrüstung besteht aus einem besonders flachen Sattel ohne tiefen Sitz. Dieser Sattel ist so konstruiert, dass dem Pferd möglichst viel Bewegungsfreiheit gestattet werden kann. Allerdings muss man immer wieder feststellen, dass die Anpassung des Sattels an einen Pferderücken nicht immer stimmig ist und Rücken und Muskulatur des Pferdes darunter leiden. Die „Trense" besteht aus dem Kopfstück (Genickstück), Stirnband,

Backenstück, Kehlriemen, Nasenriemen, Gebiss, Sperrriemen und Zügel. Erst wenn man eine Trense zerlegt, stellt man fest, wie viele Teile sie eigentlich hat und wie schwierig es ist, sie wieder zusammenzubauen. Auch hier ist die Einstellung der Trense für das Pferd, vorwiegend das Pferdemaul, nicht immer passend und verursacht Verletzungen.

Die Zügel sind oben verschlossen. Damit ist garantiert, dass der Zügel nicht auf den Boden fällt, wenn der Reiter unfreiwillig das Pferd verlässt.

Sporen. Ein altes Sprichwort sagt, dass man sich seine Sporen erst verdienen muss, dies gilt im übertragenen Sinne auch für das tägliche Leben. In der Reiterei meint es, sie erst dann zu benutzen, wenn alle anderen „Hilfen", wie Sitz-, Schenkel- und Zügelhilfe, bereits erlernt sind und der Sporen vom Reiter richtig und schmerzfrei und nur bei Bedarf eingesetzt wird.

Leider ist die Frage des guten reiterlichen „Sitzes", der bei der Englischen Reitweise auch gefordert ist, bei einigen Reitern noch nicht durchgedrungen. Immer wieder – auch auf Turnieren – sieht man Reiter, die eher auf ihrem Pferd hängen,

als aufrecht und gelassen ihr Gewicht in die sog.
Mittelpositur zu bringen. Dann kommt es leider zu
einem ständigen Klopfen mit den Schenkeln, zum
einen Nach-vorne-Fallen und einem unruhigen
Hin-und-Her-Rutschen auf dem Pferderücken,
was dem Pferd auch nicht gerade dienlich sein
kann.

Auch das **Westernreiten** hat sich mittlerweile etabliert. Immer mehr Reitbetriebe in
Deutschland bieten diese vielleicht entspanntere
Art des Reitens an und verzichten auf die zeitrau-
bende und auch ein wenig diktatorisch ausgerich-
tete Stringenz der klassischen englischen Reit-
schule. Es hat seinen Ursprung in Amerika. Für die
Cowboys gehörte es zum Alltag, über Stunden im
Sattel zu sitzen und ihre Rinderherden zu versorgen. Deshalb brauchten sie ausdauernde Pferde,
auf denen man bequem sitzen konnte. So sind
auch die Hilfen ausgelegt: Im Gegensatz zum Englischen Reitstil sind Westernpferde darauf trainiert, auf Impulse zu reagieren und im Tempo zu
bleiben. Die Pferde der „Cowboys" müssen schon
auf kleinste Gewichts- und Schenkelhilfen reagieren, sodass der Reiter mit möglichst wenig An-
strengung alles vom Pferd „verlangen" kann. Das

bedeutet eine grundlegend hohe Durchlässigkeit des Pferdes.

Der Sattel, welcher beim **Westernreiten** benutzt wird, hat im Vergleich zum Englischen Reiten einen tieferen Sitz sowie ein hohes Sattel- und Kanthorn. Mit der breiten Auflagefläche ist er nicht nur bequem, sondern verteilt das Gewicht auf eine große Fläche. Das Sattelhorn ist für Anfänger zwar praktisch zum Festhalten, aber eigentlich für das Lasso vorgesehen.

Meistens sind beim Westernreiten Knieschützer mit an Bord. Die langen, bequemen Steigbügel sind auch bei tagelanger Arbeit im Sattel angenehm für Reiter und Pferd und bieten auch bei schnellen Wendungen eine große Sicherheit. Die Zügel sind meist offen, damit sie sich nicht am Horn verheddern. Bei den Gebissen gibt es auch eine große Auswahl. Gerne werden gebisslose Varianten, wie Bosal, Sidepull oder Hackamore, eingesetzt. Für junge Pferde oder noch nicht so fortgeschrittene Reiter empfiehlt sich das einfache gebrochene Gebiss, vergleichbar mit der Wassertrense beim Englischreiten. In der späteren Ausbildung wird die Westernkandare eingesetzt, die mit der Kandare beim Englischreiten vergleichbar ist. Diese sollten jedoch nur erfahrene Reiterinnen und Reiter nutzen, da sie dem Pferd durch die Hebelwirkung sogar Schmerzen zufügen kann. Voraussetzung ist, dass die Pferde bestens auf Schenkel und Gewichtshilfen reagieren, sodass die Zügelhilfen nur ganz dosiert gegeben werden können. Meistens wird einhändig geritten, da der typische „Cowboy" in einer Hand immer ein Lasso hält.

Theoretisch kann man mit jeder Pferderasse im Westernreitsport unterwegs sein. Allerdings gibt es Rassen, die speziell für diese Art von Pferdesport gezüchtet sind und denen die zu bewältigenden Aufgaben leichter fallen. Zum einen liegt das am Körperbau und zum anderen an ihrem ruhigen Temperament. Die Westernpferde sind meistens kleiner und haben einen kurzen Rücken, was sie ausgesprochen schnell und wendig macht. So gibt es für die verschiedenen Disziplinen auch nochmals besonders geeignete Rassen.

Bekannte Pferderassen für das Westernreiten sind Quarter Horses, Paint Horses oder Appaloosas. Aber auch alle anderen Pferde- und Ponyrassen können zum Westernpferd ausgebildet werden, wie z. B. die Haflinger, die sich in Europa

unter dem Spitznamen „Alpenquarters" breit gemacht haben, oder die Freiberger, die in der
Schweiz gezüchtet werden. Das Quarter Horse ist
wohl das bekannteste und auch am weitesten ver-
breitete Westernpferd. Mit etwa 4,5 Millionen
Pferden weltweit ist es sogar zahlenmäßig die
größte Pferderasse. Den Namen verdankt das
Quarter Horse den Viertel-Meilen-Rennen (Quarter Mile Races), bei welchen sie Ende des 18. Jahr-
hunderts im Süden der USA antraten.

Was ist Natural Horsemanship?

Immer mehr etabliert sich die Tendenz zum freundschaftlichen und verständnisvollen Reitunterricht. Auch die Achtsamkeit und der Respekt dem Tier gegenüber verstärken sich zusehends. Die Art und Weise, Reitschüler zu unterrichten, hat sich im Vergleich zu den frühen 60er bis 90er Jahren grundsätzlich verändert. Die Ausbilder der Vergangenheit, die sich mit militärischen Methoden sowohl den Pferden als auch den Reitern gegenüber in Szene setzten, sind aus dem Gesamtbild der Reiterei verschwunden. Das

manchmal nicht enden wollende, permanente An-
pfeifen der Reitschüler während einer Reitstunde
hat sich zu einem gemäßigten, erklärenden,
freundlichen Ton hinbewegt. Besonders wichtig
ist aber auch die Wahrnehmung des Pferdes durch
den Trainer und den Schüler. Unbedachte, unkon-
trollierte Galopprunden mit älteren Pferden, die
ihnen die letzte Luft aus den Lungen pressen, sind
nicht mehr gern gesehen.

Ständiges Rückwärtsrichten oder anstren-
gende Seitengänge werden von den Ausbildern
begrenzt und der Respekt und die Verantwortung
für das Tier haben in vielen Bereichen zugenom-
men. So kann man mittlerweile bei verschiedenen
Ausbildungsbetrieben schon erkennen, dass eine
psychologische und sanfte Unterrichtserteilung
bevorzugt wird.

Einen großen Anteil daran haben die neuen
Unterrichtsmethoden, die über die Pferdeflüsterer
Monty Roberts, Linda Tellington Jones, GaWaNi
Pony Boy, Pat Parelli und Buck Brannaman nach
Europa geschwappt sind. Und: Viele Bücher und
Filme sind entstanden. Fast jeder von uns kennt
den Film „Der elektrische Reiter" und hat daran
großen Anteil genommen.

Horsemanship bedeutet wörtlich übersetzt: Pferde-Menschen-Kunst. Damit ist der soziale und faire Umgang zwischen Mensch und Pferd gemeint und es verdeutlicht eine innere Haltung dem Pferd gegenüber. Diese innere Haltung ist es, die uns dazu bringt, Verantwortung für das Wohlergehen des Pferdes zu übernehmen und nur das zu tun, was ihm nicht schaden kann und es gesund am Leben hält.

Natural Horsemanship. Der Begriff „Natural" steht dabei für einen natürlichen Umgang mit dem Pferd. Dies bedeutet, dass der Mensch sich mit dem Wesen Pferd auseinandersetzt und bereit ist, die Dinge aus der Sicht eines Fluchttieres zu sehen, um so besser auf die natürlichen Verhaltensweisen des Pferdes einzugehen. Wikipedia gibt darüber folgende, ziemlich wissenschaftliche Auskunft: **Natural Horsemanship** ist ein Synonym für „Operante Konditionierung" im Pferdetraining. Dies meint alle Arten der Kombination von Druck (positive Verstärkung) und Nachgeben (negative Verstärkung). Prägende Trainer dieser Trainingsart sind beispielsweise Pat Parelli und Monty Roberts.

Und was meint Wikipedia zu „Operante Konditionierung"? Instrumentelle und operante Konditionierung, auch *Lernen am Erfolg* genannt, sind Paradigmen der behavioristischen Lernpsychologie und betreffen das Erlernen von Reiz-Reaktions-Mustern (Stimulus-Response) aus ursprünglich spontanem Verhalten. Die Häufigkeit eines Verhaltens wird durch seine angenehmen (appetitiven) oder unangenehmen (aversiven) Konsequenzen nachhaltig verändert. Das bedeutet, dass erwünschtes Verhalten durch Belohnung verstärkt und unerwünschtes Verhalten durch Bestrafung unterdrückt wird. Man unterscheidet diese Art des Lernens von der Klassischen Konditionierung, die ausgelöstes Verhalten betrifft (der lernende Organismus hat keine Kontrolle über den Reiz oder seine Reaktion).

Und was sagt Wikipedia zu behavioristischer Lernpsychologie? Die Lehre des **Behaviorismus** (englisch: behavior = Verhalten) erforscht und erklärt das Verhalten von Mensch und Tier nur mit naturwissenschaftlichen Methoden. Dabei beschränkt sich ein Behaviorist auf das von außen objektiv beobachtete Verhalten als Reaktion auf Reize. Sobald eine Reiz-Reaktions-Kette ausgelöst ist, resp. aufgebaut wurde, ist ein Lernprozess zu Ende und der Lernende hat etwas Neues gelernt. Der Unterschied zum Kognitivismus besteht darin, dass die inneren Prozesse des Lebewesens – die im Kognitivismus im Vordergrund stehen – nicht betrachtet werden. Die Vorgänge im Gehirn verbergen sich also hinter einer sogenannten Black Box.

Das ist eine einigermaßen schwere Kost und nicht einfach zu definieren. Die später folgenden Erklärungen über die Parelli-Methode können vielleicht einiges verdeutlichen bzw. verständlich machen und es lohnt sich in jedem Fall, näher auf sie einzugehen, auch wenn im Vorfeld so einiges im Dunklen bleibt. Die Übungen dazu finden Sie auch in diesem Buch. Sie können Ihnen noch mehr Aufschluss über die eigentliche Vorgehensweise vermitteln. Sollte hierfür ein Satz genügen, könnte er so aussehen:

Mit seinem Pferd zu einem harmonischen Miteinander zu gelangen und es nicht durch Gewalt zu etwas zu zwingen, was es nicht verstehen kann. Also es zu einem Partner auszubilden, ohne ihm die Natürlichkeit zu nehmen.

Warum sollte man sich als Reiter oder Pferdebesitzer mit „Natural Horse-manship" ausei-nandersetzen?

Wie schon ausführlich besprochen, gibt es verschiedene Systeme, Reiter und Pferde auszubilden bzw. zu unterrichten. Jedes System hat sicherlich seine eigenen Vorteile, aber nicht jede Reitweise nimmt Rücksicht auf die Befindlichkeit und vor allen Dingen die Zusammenarbeit von Mensch und Tier, sodass eine Symbiose entstehen kann.

Dagegen lehrt das System „Natural Horsemanship" den Reiter, wie ein Pferd zu denken, und regt das Tier an, mit seinen geistigen Möglichkeiten mitzuarbeiten. Das gegenseitige Vertrauen wird gefördert und die Rangordnung – der Mensch ist der Ranghöchste in der Herde – auf natürliche Weise geregelt. Eine Partnerschaft zwischen Mensch und Tier mit gegenseitigem Respekt voreinander ist das Ziel von „Natural Horsemanship" und darum für jeden Pferdeliebhaber – auch den schon arrivierten Reiter – ein besonderes Merkmal seiner Tierliebe.

Natürlich ist es notwendig, mit dem Pferd zu arbeiten und „Hilfen" einzusetzen, um sich zu verständigen. Und es muss auch klar sein, wer führt, respektive der Ranghöchste ist.

Die Ausbildung erfolgt hauptsächlich über die Körpersprache, die nach bestimmten Regeln und durch ständige Wiederholung gelehrt wird. Durch das Prinzip der Belohnung („Lernen muss Spaß machen"), das man auch in der Ausbildung von lernenden Kindern/Schülern und sogar Erwachsenen einsetzt und das nach jedem erfolgreichen Schritt des Lernens erfolgt, ist auch die Mitarbeit des Pferdes und vor allen Dingen das Verstehen sehr oft erfolgreich. **Natural Horsemanship** verurteilt keine Schule der Reiterei, keine sogenannten „reiterlichen Hilfen", wie Zügel-, Gewichts- und Schenkelhilfe. Es geht nur darum, diese Hilfen durch das Verständnis und die Zusammenarbeit mit dem Pferd absolut gewaltfrei einzusetzen und dem Pferd durch das gegenseitige Kennenlernen die Möglichkeiten seiner Entfaltung und jener des Menschen aufzuzeigen.

Aus diesen Gründen lohnt es sich, „Natural Horsemanship" näher zu betrachten, z. B. an den folgenden Beispielen, die dieses Konzept für lernende Menschen und Pferde vorsieht.

Das
Parelli-Programm

Im Jahre 1981 gründete der ehemalige Rodeo-Reiter Parelli (US-Amerikaner) das Ausbildungskonzept „Natural Horsemanship" mit dem Ziel, die Kommunikation zwischen Mensch und Pferd zu verbessern und dem Menschen zu lernen, sein Pferd besser zu verstehen. Gemeinsam mit seiner Frau Linda Parelli hat er dieses Programm zu einer sehr erfolgreichen Weiterbildung für Mensch und Pferd gestaltet.

Pat Parelli schreibt über das Konzept: „*Parelli er-
möglicht es jedem Pferdeliebhaber wirklich exzel-
lente Resultate mit Pferden zu erreichen!*"

Das Parelli-Konzept ist eine Grundausbildung
für Mensch und Pferd, die auch die Charakterei-
genschaften des Tieres berücksichtigt bzw. in die
Ausbildung einbezieht. Pferde sind, so wie wir
Menschen, in ihrer Gefühlswelt unterschiedlich.
Die eher zarte Pferdepersönlichkeit braucht eine
andere Vorgehensweise als z. B. ein nervenstarker
Draufgänger, der das Leben mit einem kraftvollen
Sprung in die Welt beginnt. Deshalb werden im
Parelli-Programm die verschiedenen Pferde-Persönlichkeiten (Horsenality) „gelesen". Als Basis
dafür, wie welche Spiele gespielt werden sollen
und welche „Pattern" (Anwendungen) man
nimmt, muss man das Pferd „lesen lernen" und
dessen Persönlichkeit herausfinden.

Parelli hat hier den Begriff „Horsenality" ge-
prägt, um das Verhalten einzelner Pferde zu erklä-
ren. Dieses System hat ursprünglich Linda Parelli
entworfen. Es geht darum, zu ergründen, wie „erfahrene" Pferdemenschen die Unterschiede bei
Pferden sehen, um damit eine genauere Beschrei-
bung von Pferden zu ermöglichen, mit dem Ziel,

eine positive Sprache für die Wahrnehmung von Pferden bereitzustellen.

Ein paralleles Modell zur Beurteilung der Sichtweise der Menschen wurde ebenfalls erstellt. Als „Humanality" bezeichnet, können Menschen ihre eigenen Verhaltenstendenzen untersuchen und herausfinden, welche Pferdetrainingsstrategien für sie passend sind oder welche sie benötigen, um mehr Zeit und Übung in das Lernen zu investieren, besonders dann, wenn es sich um eine Methode handelt, die mit einem bestimmten Pferd am besten funktioniert. Ziel ist es, die natürliche Reitkunst so anzupassen, dass sie dem Pferd am besten dient.

„Parelli Natural Horsemanship Europa" unterscheidet unter dem Begriff „Horsenality" verschiedene Pferde-Persönlichkeiten wie folgt:

• Left Brain Pferde (linke Gehirnhälfte) sind in erster Linie selbstsicher, mutig, dominant, vertrauensvoll, ruhig und tolerant.

• Right Brain Pferde (rechte Gehirnhälfte) sind hingegen zurückhaltend, ängstlich, folgsam, misstrauisch und neigen zu Überreaktionen.

Daneben gibt es noch die Unterscheidung zwischen Introvertiert und extrovertiert:

• Introvertierte Pferde haben von Natur aus eher wenig „Vorwärts" (außer sie geraten in Panik), sie bewegen sich langsam und haben die Tendenz, oft anzuhalten.

• Extrovertierte Pferde hingegen haben viel Energie und sind dauernd in Bewegung, sie sind schnell und lieben es, zu rennen.

Wenn man das alles herausgefunden hat, gibt es noch die Möglichkeit, vier verschiedene Unterordnungen unter den Left-Brain- oder Right-Brain-Charakteren herauszufiltern, die man seinem Pferd zuordnen kann:

Left Brain (linke Gehirnhälfte); EXTROVERT
Dieses Pferd hat einen sehr verspielten Charakter und braucht viel Abwechslung. Es lernt schnell und beginnt deshalb sehr schnell, seine eigenen Ideen zu entwickeln, wenn es ihm zu langweilig wird.

Left Brain (linke Gehirnhälfte); INTROVERT

Diese Pferde – so sagt man – lesen ihre Menschen wie offene Bücher. Ein Left Brain Intro weiß genau, was es will, und es ist nicht dazu bereit, dem Reiter oder Besitzer irgendetwas von sich aus zu geben, außer man belohnt es seinen Vorstellungen entsprechend angemessen. Auch wenn ein solches Pferd auf den ersten Blick als sehr faul erscheint; sein Gehirn ist es definitiv nicht. Es mag sich vielleicht langsam bewegen, aber denken kann es dafür umso schneller!

Right Brain (rechte Gehirnhälfte); EXTROVERT

Dieses Pferd benötigt dauernd die Versicherung des Reiters oder Besitzers, dass es nicht sterben wird. Es ist sehr schnell verwirrt und ängstlich; deshalb ist es sehr wichtig, die Dinge so einfach wie möglich zu machen. Dies hilft ihm, sich besser entspannen zu können, da es sich so nicht dauernd überfordert fühlt.

Right Brain (rechte Gehirnhälfte); INTROVERT

Dieses Pferd ist schüchtern, ruhig und sehr zurückhaltend. Es vermeidet jede Art von Druck, indem es sich in sein Schneckenhaus zurückzieht. Deshalb ist es wichtig, dass man die Dinge sehr langsam macht, genügend Wiederholungen einbaut und ihm dann die Zeit gibt, darüber nachzudenken. Sobald es sich traut, wird es damit beginnen, von sich aus mehr anzubieten.

AUSBILDUNG VON PFERD UND MENSCH

Haben Sie feststellen können, zu welcher Pferde-Persönlichkeit Ihr Pferd gehört? Das ist sicherlich nicht einfach und wird sich vielleicht im Laufe der Zeit auch noch verändern. Aber die Grundtendenzen sind bestimmt schon sichtbar. Jetzt können Sie mit der Grundausbildung, die, wie Sie mittlerweile wissen, Mensch und Pferd betrifft, beginnen. Dazu hat Parelli vier Levels (die „four savvys") in seinem Programm vorgesehen:

Level 1: Partnerschaft (Online) = Kommunikation am Boden, am Halfter und Seil. Der Mensch versucht hierbei, dem Pferd seine Körpersprache verständlich zu machen.

Level 2: Harmonie (Liberty) = Kommunikation am Boden, ohne Seil. Bodenarbeit ohne physische Verbindung durch Halfter und Seil.

Level 3: Verfeinerung (Freestyle) = Reiten ohne ständigen Zügelkontakt. Das Pferd wird hierbei geritten, wobei der Kontakt zum Pferdemaul über die Zügel sehr lose oder gar nicht stattfindet.

Level 4: Vielseitigkeit (Finesse) = Verfeinertes Reiten mit Zügelkontakt. Der Reiter nimmt erst losen, dann intensiveren, aber feinen Zügelkontakt zum Pferdemaul auf.

Jede einzelne dieser Stufen baut auf der vorhergegangenen auf und wird erst dann weitergeführt, wenn der Lernprozess stattgefunden hat.

PARELLI – DIE SIEBEN SPIELE

Die Natural-Horsemanship-Methode von Pat und Linda Parelli wendet diese „Sieben Spiele" als Grundlage für ihr Programm an. Diese Spiele beruhen auf den „Spielen", die Pferde miteinander spielen. Die ersten drei Spiele sind die „Prinzipien" – oder Grundspiele –, die sich auf den Aufbau von Vertrauen und Akzeptanz durch Ihr Pferd konzentrieren. Die letzten vier Spiele sind die „Zweck"-Spiele, welche die Kommunikation zwischen Ihnen und Ihrem Pferd verbessern sollen.

• **Freundlichkeitsspiel (Friendly Game):** Bei diesem Spiel geht es hauptsächlich darum, Ihrem Pferd Vertrauen in sich selbst, seine Umgebung und in Sie, als sein Menschenfreund, aufzubauen. Neben der – wie später noch extra beschriebenen – positiven Beeinflussung durch das Streicheln bringen Sie dem Pferd jetzt bei, dass Sie es nicht verletzen wollen. Sie sollen es überall anfassen und streicheln können. Wenn das Pferd Widerstand zeigt, wenn Sie es berühren wollen, dann drängen Sie es nicht.

Übung: Verwenden Sie ein Seil und werfen Sie es ihm leicht über seinen Hals, seinen Rücken, seine Hinterhand oder um die Beine. Kommen Sie in einen leichten, kontinuierlichen Rhythmus und wiederholen Sie die Bewegungen in derselben Reihenfolge, bis das Pferd ruhig und aufmerksam bleibt. Die Übung ist auch eine Möglichkeit, zu testen, an welchen Stellen sich das Pferd gern berühren lässt und welche Stelle man erst einmal ausschließen sollte. Wenn sich das Pferd nicht wohlfühlt, dann ziehen Sie sich erst einmal zurück. Sobald sich das Pferd überall berühren lässt, können Sie mit der nächsten Übung weitermachen.

• **Stachelschwein-Spiel (Porcupine Game):** Pferde haben ein angeborenes Programm, genannt „Oppositions Reflex", der Instinkt, sich gegen Druck zu wehren, sei es nun ein Halfter, ein Gebiss oder Ihr Bein. Das ist auch der Grund, warum Pferde sich manchmal zurückziehen, wenn sie angebunden sind, und Schwierigkeiten mit engen Räumen (z. B. Pferdehänger) haben. Diese Platzangst ist eine Strategie des Überlebens. Das Stachelschweinspiel lehrt Ihr Pferd, dem Druck zu weichen, d. h., sich von dem Druckpunkt wegzubewegen. In erster Linie wird dabei eine „negative

Verstärkung" durch fortschreitenden Druckaufbau eingesetzt, um eine Reaktion des Pferdes zu erreichen. Nach dem Druckaufbau werden Pausen (also Nachlassen des Drucks) eingelegt. Der Druck wird in sogenannten „Phasen" in bestimmten Abstufungen erhöht und wieder abgebaut. Dabei wird die Reaktion des Pferdes beobachtet, um das Verhaltensmuster „Pattern" festzustellen und es später zu generalisieren.

Übung: Berühren Sie Ihr Pferd und üben Sie mit der Hand stetigen Druck aus, z. B. an der Brust. Beginnen Sie sanft und erhöhen Sie den Druck mehr und mehr, bis das Pferd schließlich dem Druck weicht. Bleiben Sie standhaft. Sobald sich das Pferd bewegt, verschwindet der Druck und Sie streicheln dann diese Stelle. Wiederholen Sie es ein paar Male und verändern Sie dann die Stelle, z. B. Vorhand, Hinterhand. Mit der Zeit braucht Ihr Pferd immer weniger Phasen, um die gewünschte Reaktion anzuzeigen. Wenn Sie Ihr Pferd mit den Fingerspitzen vorwärts, rückwärts, seitwärts nach rechts oder links bewegen können und Vorhand und Hinterhand diesem Beispiel folgen, dann sind Sie und Ihr Pferd ein Meister in diesem Spiel.

Die Ausbildung mittels negativer Verstärkung findet übrigens auch in der **Reittherapie** Anwendung. Über die Nutzung der positiven Verstärkung gibt es in diesem Kontext bislang wenige Konzepte. Ziel dieser Studie ist es, die Pferdeausbildung mittels positiver Verstärkung mit der Achtsamkeit in der Reittherapie zu verbinden und die Wirkung auf das emotionale Befinden zu untersuchen. Die Ergebnisse zeigen einen Anstieg der Gelassenheit und Aktivierung sowie einen Abfall der Hilflosigkeit und negativer Emotionen. Weitere Forschungsfragen werden diskutiert.

• **Fahrspiel (Driving Game):** Während das Stachelschwein-Spiel kontinuierlichen Druck anwendet, geht es im Fahrspiel um rhythmischen Druck oder die „Suggestion" von Druck. Das Pferd muss erst lernen, vor Ihrem physischen Druck zu weichen, bevor es lernen kann, dass Sie es dem mentalen Druck aussetzen. Sofern also das Stachelschwein-Spiel gelungen ist, kann man den Druck z. B. durch Zeichen ersetzen.

Übung: z. B. winken – rückwärts weichen; auf den Kopf oder das Pferdeauge zeigen – mit der Vorhand ausweichen; die Hand in Richtung

Hinterhand schwenken – weichen mit der Hinterhand. In dieser Sprache machen Sie Vorschläge und Versprechen, aber auch Konsequenzen, wenn es die Vorschläge nicht annimmt. Sie versuchen nicht, Ihr Pferd zu schlagen, aber wenn es sich nicht bewegt, gerät es gegen den Druck. Versprechen Sie Ihrem Pferd nicht, was Sie nicht halten können. Lassen Sie dem mentalen Druck den physischen folgen, um das zu erreichen.

• **Jo Jo (Yoyo Game):** Dieses Spiel besteht aus zwei Bewegungen – Vorwärts und Rückwärts. Das Pferd soll lernen, sich auf einer geraden Linie vorwärts und rückwärts zu bewegen.

Übung: Wedeln Sie mit dem Seil und erhobenem Finger, damit Ihr Pferd rückwärtsgeht. Beginnen Sie weich und steigern Sie das wedeln über Finger, Handgelenke, Ellbogen und Schulter, bis am Ende auch das Halfter geschüttelt wird. Wenn das Pferd dann rückwärts gegangen ist, streicheln Sie Ihr Pferd. Wiederholen Sie diese Übung, bis das Pferd die gesamte Seillänge rückwärtsgeht. Sie bleiben so lange auf einem Fleck stehen. Dann laden Sie Ihr Pferd ein, wieder zu Ihnen zu kommen. Holen Sie das Seil rhythmisch ein, als ob Sie das

Seil aufwickeln würden. Wenn das Pferd nicht reagiert, fassen Sie das Seil fester. Wenn es auf Sie zugeht, dann machen Sie die Hände wieder auf und holen wieder rhythmisch und ohne Zug das Seil ein. Wenn das Pferd bei Ihnen angekommen ist, streicheln Sie es und schicken es erneut rückwärts.

Eine weitere Möglichkeit ist auch die Beschleunigung oder Verlangsamung der Bewegung des Pferdes und letztendlich das Anhalten.

• **Zirkeln (Circling Game):** Es ist wichtig, den Unterschied zwischen dem Zirkeln und dem Longieren zu erkennen. Beim Zirkeln ist das Pferd dafür verantwortlich, Gangart, Geschwindigkeit, Richtung und Fokus aufrechtzuerhalten. Es ist kein geistloser Zirkel: Das Pferd muss seine Aufmerksamkeit ständig auf das richten, was Sie wollen. Beim Longieren hingegen wird das Pferd sowohl durch die Stimme als auch durch die mitgeführte Longiergerte ständig zu den entsprechenden Gangarten aufgefordert.

Das Geheimnis beim Zirkeln besteht darin, das Pferd völlig in Ruhe zu lassen, solange es das tut, was man von ihm will. Das heißt: Weder Gerte noch Stimme einsetzen, sondern erst bei einer neuen Aufgabe wieder Kontakt aufnehmen.

Übung: Das Pferd sollte ein Minimum von zwei Runden laufen und ein Maximum von 4 Runden. Dann wird es ihm langweilig und die Richtung sollte geändert werden. Wenn es – ohne zu stocken – zwei Runden läuft, beweist es seine geistige Aufnahmefähigkeit und folgt seiner Aufgabe. Seien Sie erfinderisch und stellen Sie Hindernisse auf (z. B. Stangen). Nehmen Sie das Seil mal kurz und mal lang. Lassen Sie Ihr Pferd zwischendurch immer wieder mal anhalten. Das Pferd lernt beim Zirkeln nur auf Anfrage, Richtung und Geschwindigkeit zu wechseln, sowie das Anhalten aus Schritt, Trab und Galopp und punktgenaue Übergänge von Gangarten und Richtungen. Wenn das Pferd z. B. – ohne Aufforderung – vom Trab in den Schritt verfällt, holen Sie es zu sich herein und schicken es erneut los.

• **Seitwärts (Sideway Game)**: Je besser Ihr Pferd rückwärts und seitwärts geht, desto besser wird es alles andere tun, aber das Seitwärtsgehen (so wie auch das Rückwärtsrichten) ist eine schwierige Übung für das Tier. Durch Handzeichen auf den

Kopf und dann auf seine Hinterhand, dann wieder seinen Kopf und seine Hinterhand, wird sich das Pferd, wenn es die Handzeichen versteht, selbst ausrichten und dann seitwärts gehen. Ein Zaun, der das Vorwärtsgehen verhindert, ist hier nützlich. Ein Seil von ca. 3,7 m Länge und ein Carrot Stick (verlängerter Arm), der auf die Hinterhand einwirkt, kann dieses Spiel unterstützen.

Übung: Am besten fängt man damit an, das Pferd so hinzustellen, dass sein Kopf auf eine Wand oder Begrenzung zeigt. Gehen Sie mit rhythmischem Druck mit einem Karotten-Stick – mit dem Sie natürlich nicht schlagen werden, sondern nur hinter der Hinterhand des Pferdes schwenken – auf das Pferd zu, das immer noch senkrecht in der Bewegung steht. Wenn das Pferd darauf nicht wirklich gut reagiert, dann stellen Sie sich auf die andere Seite der Begrenzung und verwenden den Karottenstick als Armverlängerung, um Druck auf die Hinterhand zu suggerieren.

Das Seitwärtsgehen nach links und rechts sollte ausgeglichen sein.

• **Engpass (Squeeze Game**): Bei diesem Spiel machen Sie Ihr Pferd damit vertraut, zwischen verschiedenen Dingen „eingezwängt" zu sein. Pferde haben Platzangst und hassen enge, eingeschlossene Orte.

Übung: Stellen Sie sich in einem Abstand von etwa 3 m zu einer Wand und senden Sie Ihr Pferd zwischen sich und der Wand hindurch. Für viele Pferde ist dieser Abstand noch zu gering. Dann müssen Sie mehr Abstand lassen und ihn von Mal zu Mal verringern, wenn das Pferd durchgegangen ist. Achten Sie darauf, ihm auf jeder Seite Komfort zu geben, d. h., dass es bis zum Seilende wieder viel Platz hat. Lassen Sie es einen Moment stehen und beginnen Sie dann wieder von vorne. Schrittchenweise, während das Pferd immer mehr Vertrauen zu dieser Arbeit fasst, beenden sie bei 90 cm Weite das Spiel; das entspricht in etwa der Breite des Pferdeanhängers.

Arbeiten Sie daran, bis es im Schritt, Trab und Galopp mühelos funktioniert. Dann geht es auch freiwillig in jeden Pferdehänger.

Was sagen die Kritiker?

Kritik Nr. 1: Das ständige Wiederholen von Lernprozessen zermürbt das Pferd und stört seine Psyche.

Das Lernen selbst ist ein zermürbender Prozess (auch für den Menschen), wenn man nicht daran glaubt, dass dieser Prozess zum Erfolg führen wird. Wenn auch noch die Beständigkeit fehlt, wird das ganze ein Desaster. Die Hartnäckigkeit, wieder und wieder bestimmte Lernprozesse zu wiederholen, bis sie funktionieren (z. B. Vokabeln lernen, bestimmte Abläufe verinnerlichen), ist tatsächlich der Schlüssel zum Erfolg. Sobald man etwas gelernt hat und mehr oder weniger vor sich hin beten kann, macht sich das Hormon Dopamin auf den Weg, damit wir uns über diesen Erfolg freuen können. Und schon haben wir Lust, den nächsten Schritt zu tun. Das ist ein Lernsystem, das schon im Kleinkindalter beginnt und uns über die Schule, die Ausbildung und letztendlich den Beruf dazu verhilft, unser Leben erfolgreich zu gestalten und uns neugierig zu machen. Und es wird immer einen geben, der einen höheren Rang hat und uns gelegentlich belehrt. Das muss jedes Lebewesen akzeptieren.

Die Belohnung, die bei Natural Horsemanship auf jede gute, gelungene Übung folgt, ist für das Pferd auch die Bestätigung, etwas richtig gemacht zu haben, d. h., Erfolg gehabt zu haben. Alle sozialen Wesen brauchen diese Bestätigung entweder durch Anerkennung in Form von Respekt oder eben durch die entsprechende Belohnung.

Kritik Nr. 2: Das Pferd muss sich unterordnen und tut dies alles andere als freiwillig!

Wenn Sie ein Pferd wären, würden Sie dann einen Reiter akzeptieren? Wenn Sie die

Möglichkeiten hätten, über große grüne Wiesen zu galoppieren, sich ins Gras zu legen und mit Ihrem Nachbarpferd zu knabbern? Sicherlich nicht! Aber, wie schon eingangs erwähnt: Die Zeit der großen grünen Wiesen und der Wildpferde ist schon längst vorbei. Das ist natürlich sehr schade, weil es keinen schöneren Anblick gibt, als eine Pferdeherde zu beobachten, die – auch gelegentlich miteinander streitend, um den Rang festzulegen – ihre Freiheit genießt.

Wer aber mit einem Pferd Freundschaft schließen möchte und den Wunsch hat, auf ihm zu sitzen und durch die Welt zu reiten (sprich: Koppel, Reitplatz oder Reithalle), sollte lernen, wie er mit diesem Tier umgehen muss, um ihm nicht weh zu tun und keine Gefahren heraufzubeschwören. Und er sollte auch die Möglichkeit nutzen, sich dem Pferd zu öffnen und es kennenzulernen. Die Freiwilligkeit oder Freiheit, die wir uns alle vom Leben erträumen, ist in dieser Welt – und zwar nirgendwo – gegeben. Auch nicht bei den Pferden.

Kritik Nr. 3: „Natural Horsemanship" betreibt fast nur Bodenarbeit.

Was ist Negatives daran, neben dem Reiten auch durch Bodenarbeit auf einem geschützten Platz die Symbiose zwischen Reiter und Pferd zu vervollständigen? Es gibt eine Fülle von Möglichkeiten, bestimmte Zeichen zu erlernen, die das Pferd als Anfrage, Angebot und Versprechen verstehen lernen kann. Näheres erfahren Sie im Kapitel „Bodenarbeit".

Kritik Nr. 4: Druck erzeugen beim Pferd, damit es ausweicht – ist das noch vertretbar?

Druck beim Pferd zu erzeugen (an welcher Stelle auch immer), bedeutet nicht, das Tier zu erniedrigen oder zu etwas zwingen zu wollen. Es geht lediglich um eine Reaktion, die der Druck hervorrufen soll, um mit leichter Hand (oder auch Schenkel als Reiter) eine mögliche Gefahrenquelle zu verlassen oder umgehen zu können – und natürlich auch das Verständnis zwischen Reiter und Pferd zu vervollständigen. Wenn die Hand oder der Schenkel vom Pferd sozusagen angenommen wird, wie man in der Reitersprache sagt, dann wird die Kooperation mit dem Pferd feiner,

verständnisvoller und vor allen Dingen gewaltfrei.
Es entsteht eine Art Symbiose.

Bodenarbeit ist wichtig!

Unter dem Begriff **Bodenarbeit** versteht man heutzutage das Grundlagentraining eines Pferdes vom Boden aus. Dazu kann auch das Verladetraining gehören, die Arbeit am langen Zügel oder an der Longe sowie auch spezielle Lektionen. Mit Hilfe der Bodenarbeit sollen unter anderem das Gleichgewicht, die Gelassenheit und die Taktreinheit des Pferdes gefördert werden. Hauptziel ist jedoch, dem Pferd zu lehren, jeglichem leichten Zug oder Druck willig und kontrolliert nachzugeben, das heißt, die Sensibilität des Pferdes soll gestärkt werden. Außerdem werden durch die Bodenarbeit gegenseitiger Respekt und Vertrauen geschaffen, Respekt vor allem bei Pferden, welche sich Ihnen gegenüber durch ständiges Entziehen widersetzlich verhalten. Bei Pferden, die sich durch den Fluchtinstinkt und das noch fehlende Vertrauen zum Menschen immer wieder „davonmachen", kann man durch entsprechende Übungen dieses fehlende Vertrauen wieder herstellen.

Doch die Bodenarbeit ist kein Ersatz für das Reiten. Es ist eine gute Abwechslung für das Pferd, auch am Boden seinen Reiter besser verstehen zu lernen und auch Neues zu erlernen. Auch arrivierte Reiter sollten hin und wieder (möglicherweise einmal in der Woche) durch die Bodenarbeit dem Pferd neue Anregungen vermitteln oder einfach nur mit ihm spielen. Arrivierte Reiter neigen häufig dazu, die Grundlagen in der Zusammenarbeit mit dem Pferd für selbstverständlich zu halten und sie nicht mehr infrage zu stellen oder zu überprüfen. Das kann die Kommunikation zwischen Mensch und Reiter erheblich stören. Die Bodenarbeit hilft dem Reiter, die Perspektive zu wechseln. Am Boden kann er sein Pferd in einem anderen, vom Reiten getrennten Kontext betrachten, um mögliche reiterliche Probleme somit zu lösen.

Für die Bodenarbeit brauchen Sie einen fest abgesperrten Platz, ein Roundpen oder einen Longierzirkel. Und dort kann man auch schon beginnen, die Pferde erst einmal relaxen zu lassen, sie zu berühren, mit ihnen zu reden und auf ein Zeichen der Entspannung zu warten. Das zeigt sich meistens durch eine hängende Unterlippe und halb geschlossene Augen. Der Hals fällt ein wenig nach unten und die Ohren hängen zur Seite. Dann ist Ihr Pferd einigermaßen relaxed und Sie können mit ihm allmählich beginnen.

Ziel der Bodenarbeit ist, dass sich das Pferd bei Ihnen sicher fühlt und dass es sich später beim Reiten im Gelände und im Straßenverkehr so verhält wie bei der Bodenarbeit. Das heißt, dass das Tier die Interaktion durch Sie auf dem Pferd richtig versteht und so umsetzt, dass Sie mit Ihrem Pferd gefahrlos durch die Welt reisen können.

ÜBUNG 1: RICHTIGES KRAULEN

Manche Pferde schrecken zurück, wenn sich Ihnen eine menschliche Hand nähert. Das hat sehr oft mit schlechten Erfahrungen mit uns zu tun oder aber einer allgemeinen Zurückhaltung, die sich im Laufe der Zeit aber bessern wird. Wichtig ist, dass Sie nicht über das Ziel hinausschießen und dem Pferd Ihre Streicheleinheiten aufdrängen. Beim Streicheln kann also einiges falsch gemacht werden. Um es zu einem positiven Erlebnis für beide zu gestalten, sollten Sie das Sozialverhalten der Pferde untereinander bedenken.

Pferde untereinander – das haben Sie sicher schon beobachtet – knabbern sich. Das passiert meistens am Widerrist oder Hals. Wenn Sie also das Pferd am Hals, am Widerrist oder am Rücken in der sogenannten Kraulzone kraulen, fühlt es sich wohl bei Ihnen. Das sieht man meistens, wenn sie auf den Menschen zugehen und der ausgestreckten Hand das Kraulen anbieten. Dem Pferd kann es auch gefallen, wenn Sie es an Brust, Kruppe oder Bauch berühren. Achten Sie aber darauf, dass Sie Ihre Berührungen erst einmal nur da einsetzen, wo das Pferd nicht zurückweicht und sich offensichtlich nicht wohl fühlt. Erst dann, wenn die Berührung angenommen wird, machen Sie weiter. Wichtig ist auch die Stimme dabei, die sanft auf das Pferd einspricht und die Berührung somit ergänzt.

ÜBUNG 2: RICHTIGES FÜHREN

Führen ist nicht gleich Führen. Bei der Bodenarbeit geht es vor allen Dingen um Kommunikation, Körpersprache, Aktion und Reaktion. Am besten ist es, wenn Sie schon vorher wissen, was Sie mit dem Pferd üben wollen bzw. wohin es gehen soll.

Wenn Sie mit der Bodenarbeit beginnen wollen, das Pferd also relaxed ist und das Kraulen mit Freude genossen hat, dann nehmen Sie das Führseil so in die Hand, dass zwischen Ihrer Hand und dem Halfter ein großes U entsteht. Dann haben Sie den notwendigen Raum, um zu beginnen.

Beim Führen sollte das Pferd mit seiner Nase ungefähr auf Ihrer Schulterhöhe sein. Die meisten Pferde sind es gewohnt, dass man auf der linken Seite beginnt (so wie die meisten Reiter auch von links aufsitzen). Darum sollte man mit der linken Hand beginnen, das Seil (in U-Haltung) hängt – ohne Spannung – unter dem Halfter. Falls Sie eine Gerte oder einen Stick mitführen, befindet sich auch diese/r in der linken Hand. Und benutzen Sie die Gerte so, wie man eine Gerte als Reiter auf dem Pferd hält, nämlich leicht nach unten, nach hinten auf den Boden zeigend.

Wenn Sie ein Reiter sind, ist Ihnen die Aufrichtung nicht fremd. Aber auch auf dem Boden ist diese Aufrichtung des Führenden wichtig. Also: Schultern zurück, dabei locker fallen lassen, festen Boden unter den Füßen. Dann stellt sich sofort eine kleine Spannung ein, mit der Sie dann loslaufen können. Aber nicht vergessen, zuerst geht das Pferd. Das zeigen Sie ihm, indem Sie mit der rechten Hand, die das Seil hält, nach vorne zeigen. Reagiert das Pferd nicht, ziehen Sie leicht am Seil und warten kurz ab. Wenn immer noch keine Reaktion kommt, dann zeigen Sie mit der Gerte oder dem Stick auf die Hinterhand des Pferdes. Wenn auch dann nichts passiert, schwingen Sie mit Gerte oder Stick Richtung Hinterhand. Sollte immer noch keine Reaktion kommen, dann berühren Sie – als letztes Mittel – die Hinterhand des Pferdes leicht mit dem Stick. Sobald das Pferd losgeht, senken Sie Gerte/Stick wieder nach unten und lockern das Seil. Dann marschieren Sie los.

Wenn Sie die Richtung ändern wollen, zeigen Sie das dem Pferd durch eine Veränderung Ihrer

Körperhaltung an, z. B., indem Sie sich leicht unter Mitnahme der Schultern nach links oder rechts drehen. Nicht einfach abrupt das Pferd am Halfter mitziehen, sondern gemeinsam am lockeren Seil die Richtung ändern und dem Pferd die Möglichkeit geben, Ihnen von selbst zu folgen. Auch hier, nach kurzem Zupfen am Seil, wieder Gerte oder Stick einsetzen, wenn das Pferd nicht reagiert. Gegebenenfalls kann man mit der Hand leicht nachhelfen, um das Pferd in die richtige Richtung zu drehen.

Auch beim Anhalten kommt wieder die Körpersprache zum Einsatz. Sie nehmen die Spannung aus Ihrem Körper und atmen aus. Dann bleiben Sie stehen. Wenn das Pferd weitergehen will, am Seil ziehen und stoppen. Und natürlich immer wieder loben!

ÜBUNG 3: SCHRITTE ZÄHLEN

Führen Sie Ihr Pferd zunächst genau 10 Schritte vorwärts und bleiben Sie dann stehen. Wenn das Pferd anhält und genau die vorgegebenen 10 Schritte absolviert, dann loben Sie es. Dann machen Sie das Gleiche mit 9, 8, 7 etc. Schritten – und immer wieder loben. Wenn Sie bei 1 angekommen sind, zählen Sie wieder nach oben. Das alles funktioniert auch sehr gut mit Handzeichen, z. B. Hand vor den Körper heben (stehen bleiben) und mit der Hand nach vorne zeigen (weiter gehen).

ÜBUNG 4: KLEINER SLALOM

Wenn Sie das Pferd in Übung 2 gut führen konnten und auch die Wendungen geklappt haben, kommen wir jetzt zum Slalom. Denken Sie allerdings daran, dass sich das Pferd bereits gut biegen kann und keine Arthrose haben soll.

Zwei Pylonen auf zwei Pferdelängen Abstand (ca. 4,80 m) stellen. Achten Sie darauf, dass die Pylonen einigermaßen gerade stehen. Jetzt gehen Sie mit Ihrem Pferd (das Seil hängt leicht durch) erst um beide Pylonen herum (kleiner Zirkel), dann nur um eine Pylone (kleine Volte) und dann gehen Sie eine „Acht" durch beide Pylonen. Und das Ganze wieder zurück. Beobachten Sie dabei, welche Richtung dem Pferd körperlich leichter fällt. Auf dieser Hand wird nun ohne Seil trainiert. Sie gehen mit Abstand neben dem Pferd. Ziel ist, dass es erst den Zirkel, die kleine Volte und die Acht absolviert. Beachten Sie dabei, dass das Pferd nicht ausweicht (z. B. mit der Hinterhand). Vergessen Sie nicht, bei jeder erfolgreichen Runde zu loben. Wenn es diese Übung gut macht, dann können Sie den Abstand auf eine Pferdelänge (also ca. 2,40 m) verringern und probieren das Ganze noch einmal.

Falls es besonders gut geklappt hat, können Sie auch versuchen, dass das Pferd den Slalom (mit oder ohne Seil) rückwärts durchläuft, aber nur dann, wenn Sie und Ihr Pferd Übung Nr. 5 perfekt beherrschen.

ÜBUNG 5: BIEGEN

Für den Fall, dass sich das Pferd im Slalom noch nicht richtig biegt, können Sie eine eigene Übung einbauen.

Stellen Sie sich aufrecht an die linke Vorhand, legen Sie das Führseil in Ihre linke Armbeuge und streicheln Sie das Pferd – mit der rechten Hand – an der Schulter. Dann fassen Sie das Halfter und öffnen Ihren Körper nach links außen. Ziehen Sie sanft am Halfter. Wenn das Pferd den Hals biegt, loben Sie es, richten es wieder gerade und gehen ein paar Schritte geradeaus, bleiben wieder stehen und wiederholen das Ganze abwechselnd auf beiden Seiten.

Wichtig ist hierbei, dass Sie immer die Biegung durch Ihre Körpersprache (nach links oder rechts außen öffnen) anzeigen.

ÜBUNG 6: RÜCKWÄRTSGEHEN

Vielleicht haben Sie bei Turnieren schon gesehen, wie ein Reiter manchmal bei Ungehorsam des Pferdes dieses rückwärtsgehen lässt. Häufig sieht man es bei einem Springparcours, wenn das Pferd den Sprung verweigert, d. h., stehen bleibt oder ausweicht. Diese Geste ist nicht besonders angesehen. Man empfindet es als Demütigung des Tieres, aber in der Realität ist es notwendig, dass das Pferd das Rückwärtsgehen des Reiters annimmt. Besonders im Straßenverkehr, sprich Geländereiten, oder in der Stallgasse ist es manchmal notwendig, das Pferd rückwärtszurichten, um einer Gefahr oder einem Hindernis auszuweichen.

In der Herde ist diese Geste des Rückwärtsgehens ganz normal. Das rangniedrigere Pferd weicht dem ranghöheren aus und macht den Weg frei.

Wichtig ist, dass Sie, bevor Sie mit dem Rück-wärtsrichten beginnen, sicher sind, dass die einfachen Führübungen an der Hand – wie in den Kapiteln 2 und 3 beschrieben – bereits gut funktionieren, besonders das Anhalten und Losgehen.

Wenn das alles schon gut klappt, dann gehen Sie zum Üben an die Bande (Reitplatz oder Halle). Die seitliche Begrenzung ist gerade am Anfang notwendig und unterstützt das Pferd im geraden Rückwärtstreten.

Bleiben Sie stehen mit Ihrem Pferd, richten Sie sich auf (guter Bodenstand) und zupfen Sie am kurzen Seil oder Strick leicht nach hinten. Geben Sie zusätzlich ein Stimmkommando „Zurück". Gehen Sie mit dem Pferd mit, wenn es zurücktritt, und bleiben Sie dann wieder stehen, um den nächsten Schritt nach hinten anzugehen. Wenn das Pferd nicht zurücktritt, können Sie durch leichten Druck mit der Hand auf die Brust des Pferdes zum Weichen auffordern. Wenn es nicht hilft, können Sie Gerte oder Stick einsetzen, Ihr Pferd leicht an der Brust berühren und die Stimme mit dem Kommando „Zurück" leicht erhöhen. Wiederholen Sie die Übung. Zur Verfeinerung der Hilfengebung bleiben Sie selbst ruhig und klar in

Ihrer Körpersprache und denken Sie daran, den Druck zu vermindern, wenn das Pferd zur Übung ansetzt.

Es macht auch Sinn, all diese Ausführungen mit dem Pferd selbst zu denken, d. h., das Pferd über die eigene gedankliche Präsenz und körperliche Aufrichtung/Spannung mittels Blickkontakt geistig zu beeinflussen. Außerdem kräftigt diese Übung die Elastizität des Pferdes sowie die Bemuskelung der hinteren Extremitäten.

ÜBUNG 7: DIE «L»-STANGEN

Pferde gehen gern ihren eigenen Weg, verändern oft die Richtung – gerade in der Herde – und kümmern sich manchmal auch nicht um Hindernisse, die im Weg stehen. Wenn es nicht zu hoch ist, wird gern auch darüber gesprungen, zum Entsetzen der Besitzer, die ihr Pferd dann von irgendwoher wieder zurückholen müssen. Aber in unserer Welt ist es wichtig, manchmal gerade Wege zu gehen. Dazu verhelfen die sogenannten L-Stangen.

Sie bauen dafür 4 Stangen „L"-förmig auf und legen Sie mit einem Abstand von etwa 60-100 cm so nebeneinander, dass sie ein „L" ergeben. Wenn

Sie ein kleines Pferd haben oder das Pferd die Wendungen und das Durchgehen schon beherrscht, sollten Sie den Abstand anpassen.

Sie führen das Pferd (mit Seil) in das „L" rein und auf der anderen Seite wieder raus. Dann wenden Sie Ihr Pferd und führen es auf der anderen Seite wieder in die Gasse rein und einfach durch das „L" wieder raus. Wenn das klappt, führen Sie das Pferd vorwärts wieder in das „L" rein und rückwärts wieder raus. Und dann probieren Sie das Ganze einmal ohne Seil.

Wenn auch das von Erfolg gekrönt war, können Sie das Pferd seitlich auf der einen Seite einmal die „L"-Linie entlang weichen lassen. Dabei steht es mit den Hinterbeinen außerhalb des „L" und mit den Vorderbeinen im „L". Am Anfang wird das Pferd immer wieder mal aus der Gasse heraustreten oder auch nicht seitlich weichen wollen, aber Sie wissen ja, einfach immer wieder probieren.

ÜBUNG 8: ÜBER BODENSTANGEN (SCHRITT UND TRAB)

Bei dieser Übung ist es wichtig, dass die Abstände für die zwei Gangarten über die Stangen stimmig sind. Grundsätzlich kann man sich merken, dass die Abstände vom Schritt zum Trab (und Galopp) immer x2 gerechnet werden können. Um den Abstand für Ponys richtig zu wählen, können Sie für jede Pony-Kategorie 20 cm abziehen (-20 cm bei einem 148-cm-Pony, -40 cm bei einem 138-cm-Pony, und -60 cm bei einem 128-cm-Pony)

Schritt: Abstand zwischen den Stangen ca. 0,75-0,80 cm. Bei Ponys (je nach Stockmaß) liegen wir bei 0,60-0,70 cm. **Trab:** Abstand zwischen den Stangen etwas mehr als das Doppelte, also 1,50-1,60 m, bei Ponys 1,20-1,40 m **(ergänzend Galopp:** Abstand zwischen den Stangen ca. 2,80-3 m und bei Ponys bis zu 2,40 m).

So geht es: Überqueren Sie zunächst mit Ihrem Pferd die Stange. Dabei gehen Sie neben dem Pferd, ungefähr kurz hinter dessen Genick. Halten Sie das Führseil entspannt, ohne daran zu ziehen. Ihr Pferd soll sein Tempo an Sie anpassen. Ist es zu langsam, schwingen Sie das Seil Richtung

Hinterhand. Eilige Tiere bremsen Sie, indem Sie auf einen Kreisel abwenden. Sobald Sie an den Stangen angekommen sind, lassen Sie den Strick ganz locker und Ihr Pferd den Weg über die Stangen, möglichst in der Mitte, selbst suchen. Geht Ihr Pferd flüssig über die Stange, nehmen Sie das Halten dazu. Geben Sie einen kleinen Impuls am Seil und bleiben Sie betont stehen. Ein Stimmsignal, zum Beispiel „Halt!", hilft. Üben Sie dieses Halten zuerst ein paar Male ohne Stange. Reagiert Ihr Pferd prompt, lassen Sie es über der Stange halten.

Das Ganze kann man genauso im Trab versuchen, dann aber besser ohne das Halten.

Wenn das gut gelungen ist, können Sie auch zwei oder drei Stangen benutzen. Am besten legt man sie auf den zweiten Hufschlag an der langen Seite der Halle oder des Reitplatzes.

Es gibt eine Vielzahl von Möglichkeiten bei der Stangenarbeit. Zum Beispiel können Sie die Stangen auf den Zirkel legen und wie einen Fächer mit geschlossenem hinteren Ende darstellen. Das Pferd geht (Schritt oder Trab) dann auf der Zirkellinie und überwindet die Stangen. Oder Sie legen ein Viereck (in verschiedenen Größen; von groß zu klein) und lassen das Pferd das Viereck kreuzen oder über die Ecken (da muss das Viereck groß genug sein) Volten drehen.

ÜBUNG 9: BEINE KREUZEN

Haben Sie das schon mal versucht? Dass Ihr Pferd vor oder neben Ihnen die Beine kreuzt? Dann versuchen Sie es doch einmal und stellen Sie sich vor Ihr Pferd. Schauen Sie es an und verlagern Sie Ihr Gewicht auf Ihr linkes Bein. Gleichzeitig tippen Sie mit der Gerte sanft auf seine linke Schulterseite. Sobald Ihr Pferd auch sein Gewicht verlagert, loben Sie es und geben ihm ein Leckerli. Üben Sie das so lange, bis Ihr Pferd verstanden hat, dass es Sie „spiegeln" soll.

In der nächsten Runde kreuzen Sie Ihr rechtes Bein über Ihr linkes Bein. Auch hier bitten Sie Ihr Pferd mit der sanft tippenden Gerte, seine Beine zu kreuzen. Wenn es darauf reagiert, dann loben Sie den Versuch Ihres Pferdes und wiederholen das Ganze. Das kann man so weit bringen, dass man nur noch mit dem Finger in der Luft auf Schulterhöhe wackeln muss oder aber, im Idealfall, auch das Fingerwackeln weglässt und das

Pferd, wann immer Sie – vor ihm stehend – Ihre Beine kreuzen, es Ihnen gleichtut.

ÜBUNG 10: RÜCKWÄRTS UND TRAB

Wenn Sie die Übung 6 „Rückwärtsgehen" schon bravourös gemeistert haben, ist dieses Spiel eine attraktive Erweiterung und schöne Übung für die aktive Hinterhand des Pferdes. Sie stellen sich vor Ihr Pferd (am Seil) und bitten es, einen Schritt rückwärtszugehen. Dann loben Sie es dafür.

Geben Sie jetzt dem Pferd ein Trabsignal (für das Sie sich entschieden haben) und laden Sie es ein, auf Sie zuzutraben. Wenn das Pferd am Anfang auch nur einen Schritt auf Sie zugeht, dann loben Sie es. Dann versuchen Sie, erst das Rückwärtsgehen und dann das Zutraben getrennt zu üben und es später miteinander zu verknüpfen. Wenn das alles funktioniert, lösen Sie das Seil und versuchen, das Ganze frei hinzubekommen. Das wäre ein sehr guter Erfolg für Ihre Verbundenheit mit dem Pferd.

ÜBUNG 11: GRUNDSÄTZLICHES ÜBER DAS LONGIEREN

Auch das Longieren ist Teil der Bodenarbeit und sollte nicht vernachlässigt werden. Gerade zu Beginn einer Pferdefreundschaft kann man über das Longieren das Pferd hervorragend erreichen, kennenlernen und die Kommunikation über die Stimme und Körperbewegung aufbauen. Nur ein paar kurze Hinweise dazu, wie man richtig longiert.

Zuerst die Ausrüstung: Neben der Longe und der Longiergerte empfiehlt es sich, entweder die Trense (ohne Zügel) oder einen Kappzaun zu verwenden. Am Halfter hat man zu wenig Einwirkung, falls das Pferd noch etwas lernen soll. Wenn man allerdings das Pferd nur frei an der Longe bewegen möchte, genügt ein Halfter. Auch Gamaschen oder Bandagen wären als Beinschutz von Vorteil. Ob man einen Sattel oder einen Longiergurt benutzt, bleibt im Ermessen des Besitzers/Reiters. Und besonders wichtig: Eine Trense oder ein Kappzaun müssen richtig sitzen, damit weder im Maul noch am Kopf des Pferdes Verletzungen entstehen können. Auch die oft verwendeten Hilfszügel (Ausbinder, Dreieckszügel etc.) sind nicht unbedingt angeraten, das Pferd im Sinne von „Natural Horsemanship" zu longieren, bleiben aber jedem Reiter selbst überlassen.

Pferde richtig zu longieren ist viel mehr, als nur in der Mitte zu stehen und sein Pferd im Kreis laufen zu lassen. Durch die Bewegung im Zirkel soll es sich selbst ausbalancieren und auf der Kreislinie locker und entspannt lernen, in allen drei Gangarten zu laufen. Der Mensch hilft dabei mit seiner wohltönenden und klaren Stimme (aber nicht ständig auf das Pferd einreden) und dem lockeren Anleiten an der Longe. Die mitgeführte Longiergerte soll aus dem flexiblen Handgelenk heraus dem Pferd den Weg weisen und nicht ständig Richtung Pferdebeine unterwegs sein. Der Longenführer, der in einem nicht zu großen Kreis das Pferd begleitet, sollte seine Körpersprache dem Pferd gegenüber (Aufrichtung, Spannung, Blickkontakt) immer mehr verbessern und somit die Kommunikation vervollständigen. Und nicht vergessen: Alle 10 Minuten die Hand wechseln.

ÜBUNG 12: WETTRENNEN

Wenn Ihr Pferd in der Bodenarbeit so richtig viel gelernt hat, könnte man zum Abschluss noch ein wenig Spaß für beide einbauen, zum Beispiel ein kleines Wettrennen, vorausgesetzt, dass die vorhergegangenen Übungen alle schon funktionieren. Dazu gehört auch, dass Ihr Pferd an der Longe schon einwandfrei alle drei Gangarten beherrscht und Ihnen, wenn wir jetzt zum spielerischen Wettrennen übergehen, nicht davonspringt.

Und so könnte man so ein Wettrennen gestalten:

Sie laufen mit Ihrem Pferd, das sich ohne Longe oder Seil frei bewegen kann, im versammelten Trab entlang des Reitplatzes (oder Halle). Sie werden dann langsamer und halten an und Ihr Begleiter sollte das ebenfalls tun, indem Sie Ihr Signal zum Anhalten benutzen. Das Pferd sollte dann entspannt neben Ihnen stehen bleiben.

Dann gehen Sie rückwärts und fordern Ihr Pferd auf, das ebenfalls zu tun, z. B., indem Sie es mit der Hand berühren und den Rücken entlang streichen. Wenn es das auch verstanden hat und ebenfalls rückwärtsgeht, laufen Sie plötzlich los und animieren das Pferd durch Ihre Stimme, das-selbe zu tun und anzugaloppieren. Vielleicht brauchen Sie Ihre Stimme dazu gar nicht und das Pferd läuft mit Ihnen auch ohne „Stimmhilfe" mit.

Wenn Sie das Rennen beenden wollen, werden Sie langsamer und setzen vielleicht Ihre Stimme ein, wenn Sie dann noch eine Stimme haben und nicht völlig außer Puste sind. Und dann bleiben Sie stehen und warten, ob Ihr Pferd zu Ihnen kommt.

Zum Schluss noch eine Pferdege- schichte: Amadeus

D as konnte einfach nicht wahr sein. Manfred steht aufgebracht vor seinem Pferd
„Amadeus" in der großen Reithalle, die
so angenehm nach frischem Holz riecht, weil gerade Sägespäne eingestreut wurden, die noch den
Duft von Erde und Bäumen mitbringen. Gleich daneben ist der große Offenstall der Reitanlage, in
dem die Pferde allein oder in Grüppchen auf den

umliegenden Koppeln herumspazieren oder sich vor den großen Heuraufen drängeln.

„Amadeus" dreht seinem Besitzer in der Reithalle gerade den Hintern zu. Der schöne schwarze Friesenwallach stampft zornig auf, seine großen Nüstern blähen sich und ein orkanartiger Windstoß entweicht in Richtung Hallendach. Direkt vor ihm steht ein junges Mädchen vom weichen Sägespanboden auf, klopft sich den Holzstaub von den dunkelblauen Reithosen und humpelt ein wenig hin und her. Dann schüttelt sie den Kopf und zeigt auf die am Boden liegenden Stangen, die von dem Hindernis übrig geblieben sind.

„Da hat er mich jetzt abgeworfen, der Amadeus, da auf diesen Stangen, das hat richtig weh getan", sagt sie und verzieht das Gesicht ein bisschen weinerlich, „Einfach stehen geblieben ist er, Papa, hast du das gesehen? Bleibt einfach stehen und schmeißt mich runter."

Manfred ist wütend. In seinem Gesicht bauschen sich nicht nur die dichten Augenbrauen, sondern auch die eine oder andere Zornesfalte, die die Angst vertreibt, die ihn Minuten vorher noch fast versteinert hat. Aber noch viel größer ist die Enttäuschung. Seit Wochen übt er mit seiner

Tochter für ein kleines Springturnier, das in den Sommerferien üblicherweise in diesem Stall ausgetragen wird. Sein Pferd könnte über Häuser springen, das weiß er, aber es tut es nicht, nicht einmal über so einen kleinen „eingegrabenen" Sprung, wie es in der Reitersprache heißt. Es bleibt immer vor dem Hindernis stehen und heute wirft es seine Tochter auch noch mit einem kräftigen Buckler ab.

Mittlerweile hat sich „Amadeus" von dem Mädchen am Zügel nehmen lassen und bewegt sich tänzelnd und schnaubend an ihrer kleinen Hand.

„Gib ihn mir mal", Manfred nimmt ihr die Zügel aus der Hand und ruckt ein paar Male so kräftig daran, dass es dem schönen Tier fast das Maul auseinanderreißt und es sich seinem Besitzer zuwenden muss.

Auge in Auge stehen sie sich jetzt gegenüber und das Pferd richtet seine kohlschwarzen Pupillen direkt auf Manfred, fixiert ihn und wie eine Leuchtschrift lodert im Augenhintergrund eine geradezu körperliche Wut, die über Manfred herfällt: „Du wirst mich nicht besiegen, heute nicht und auch nicht in einem Jahr. Ich bin viel, viel stärker als du und wenn du mal keinen Zügel in der Hand hast oder mir den Rücken zudrehst, werde ich dir zeigen, wer hier Macht hat." Der ganze Körper des Tieres zittert und ein leichter Schweißfilm breitet sich über sein Fell aus, das jetzt, vor dem Winter, immer dichter und dicker wird.

Das junge Mädchen steht direkt neben ihrem Vater und hat den stummen Vortrag von „Amadeus" nicht gehört, aber sie hat in seinen Augen neben der lodernden Wut noch etwas anderes gesehen, das ihre Gefühlswelt durcheinanderbringt. Eine Ahnung von der Verzweiflung und Ohnmacht des Tieres überschwemmt sie und tiefes Mitgefühl durchdringt ihre Seele.

Zögernd geht sie auf das Pferd zu und tätschelt leicht seinen Kopf, legt vorsichtig eine Hand auf seine zitternden Flanken und murmelt beruhigende tiefe Worte. Dann dreht sie sich zu ihrem Vater: „Er mag einfach nicht, Papa, und er muss auch nicht, wenn er nicht will. Man kann ihn doch nicht zwingen, wenn er nicht will. Vielleicht ist er krank oder traurig, da würde ich auch nicht springen wollen … Ich bringe ihn jetzt auf die

Koppel." Dann nimmt sie ihrem Vater die Zügel aus der Hand und führt das Pferd an ihm vorbei.

Manfred hat der gewaltige Ausbruch durcheinandergebracht. Was für eine Kraft ist in diesem Tier und was für ein Stolz. Ein wenig beschämt lässt er seiner Tochter mit „Amadeus" den Vortritt aus der Reithalle. Das Pferd ist immer noch sehr aufgeregt und schlägt heftig mit dem Schweif, der ihm bis zu den Sprunggelenken herab reicht. Während sie an ihm vorbeigehen, hört er das junge Mädchen flüstern. „Es ist alles gut, Amadeus, es ist alles gut. Du wirst schon sehen, es ist alles gut. Irgendwann tanzen wir zwei noch miteinander, gell, und springen gar nicht mehr. Weil du musst das auch nicht, wenn du nicht magst."

Ein paar Wochen später ist das kleine Turnier im Stall. Der kleine Springparcours ist schon wieder abgebaut und die Zuschauer stehen noch unschlüssig herum und warten, ob vielleicht noch eine Vorführung kommt. Dann ist die Halle vollkommen leer, das Licht wird gelöscht, Stille breitet sich aus. Nach ein paar Minuten, die Zuschauer wollen schon gehen, zeichnet sich am Eingang ein großer und ein kleiner Schatten ab, die sich zur

Hallenmitte bewegen und dann plötzlich stehen bleiben. Ein Schnauben ist hörbar, ein leises Flüstern, das Licht geht an, Musik setzt ein. Da steht ein prächtig herausgeputzter, aber sattelloser „Amadeus" mit eingeflochtener Mähne und bunten Bändern im Schweif neben dem jungen Mädchen und fängt an, sich leicht zu bewegen.

Er stupst sie an; sie tanzt ein paar Schritte in ihrem weichen bunten fliegenden Rock und dem schwarzen Mieder mit dem weißen Kragen. Dann schnalzt sie leicht mit der Zunge und er trabt an, umkreist sie, während sie weitertanzt, seine Tritte werden immer größer, schwingender, sein Schweif fliegt und der Kreis wird immer weiter, bis er die ganze Halle entlangtrabt und sein schwarzer Körper mit den bunten Bändern zu einem einzigen Tanz aufspielt. Tritt für Tritt fliegen die Hufe nach vorne, berühren kaum mehr den Boden und er schwebt an den Zuschauern vorbei, während seine schwarzen Augen vor Lust glänzen und sein Fell im Schein der Lichter schimmert wie nachtschwarzes Meer im Mondlicht.

Dann wird die Musik wieder leiser, ein Schnalzen ist zu hören, Amadeus wird ruhiger, langsamer, tänzelt noch ein bisschen und geht dann mit leicht gesenktem Kopf zurück in die Hallenmitte, wo das junge Mädchen seinen Kopf in beide Hände nimmt, zärtlich über seine noch geblähten Nüstern streicht, sich dann an ihn lehnt und sich immer noch im Rhythmus der leisen Musik weiterbewegt.

Und wenn sie nicht gestorben sind, dann tanzen sie noch immer.

Herstellung und Verlag:

BoD – Books on Demand, Norderstedt

ISBN: 9783756828937

© Moritz Perlau 2022

1. Auflage

Kontakt: Psiana eCom UG/ Berumer Str. 44/ 26844 Jemgum

Covergestaltung: Fenna Larsson

Coverfoto: depositphotos.com